令人着迷的中国旅行记

草原上的勒勒车

CAOYUAN SHANG DE LELECHE

呼和浩特

乔 冰/著　智慧鸟/绘

吉林出版集团股份有限公司
全国百佳图书出版单位

图书在版编目（CIP）数据

　　草原上的勒勒车——呼和浩特 / 乔冰著；智慧鸟绘
. --长春：吉林出版集团股份有限公司, 2023.2（2024.3重印）
　（令人着迷的中国旅行记）
　ISBN 978-7-5731-2034-2

　Ⅰ. ①草… Ⅱ. ①乔… ②智… Ⅲ. ①呼和浩特－地
方史－少儿读物 Ⅳ. ① K292.61-49

　　中国国家版本馆CIP数据核字(2023) 第016518号

令人着迷的中国旅行记

CAOYUAN SHANG DE LELECHE HUHEHAOTE

草原上的勒勒车——呼和浩特

著　　者：乔　冰

绘　　者：智慧鸟

出版策划：崔文辉

项目策划：范　迪

责任编辑：王　妍

责任校对：刘　洋

出　　版：吉林出版集团股份有限公司（www.jlpg.cn）

　　　　　（长春市福祉大路5788号，邮政编码：130118）

发　　行：吉林出版集团译文图书经营有限公司

　　　　　（http://shop34896900.taobao.com）

电　　话：总编办 0431-81629909　　营销部 0431-81629880 / 81629881

印　　刷：唐山玺鸣印务有限公司

开　　本：720mm×1000mm　1/16

印　　张：8

字　　数：100千字

版　　次：2023年2月第1版

印　　次：2024年3月第2次印刷

书　　号：ISBN 978-7-5731-2034-2

定　　价：29.80元

印装错误请与承印厂联系　　电话：13691178300

前言

中国传统文化丰富多彩，民俗民风异彩纷呈，它不仅是历史上各种思想文化、观念形态相互碰撞、融会贯通并经过岁月的洗礼遗留下来的文化瑰宝，而且是中华民族几千年文明的结晶。而作为世界非物质文化遗产重要组成部分的中国非物质文化遗产，在历史、文学、艺术、科学等领域具有非同寻常的价值，正越来越受到世界各国政府、学术界及相关民间组织的高度重视。

本系列丛书为弘扬中国辉煌灿烂的传统文化，传承华夏民族的优良传统，从国学经典、书法绘画、民间工艺、民间乐舞、中国戏曲、建筑雕刻、礼节礼仪、民间习俗等多方面入手，全貌展示其神韵与魅力。丛书在参考了大量权威性著作的基础上，择其精要，取其所长，以少儿易于接受的内容独特活泼、情节曲折跌宕、漫画幽默诙谐的编剧形式，主人公通过非同寻常的中国寻宝之旅的故事，轻松带领孩子们打开中国传统文化的大门，领略中华文化丰富而深刻的精神内涵。

人物介绍

茜茜

11岁的中国女孩儿，聪明可爱，勤奋好学，家长眼中的乖乖女，在班里担任班长和学习委员。

布卡

11岁的中国男孩儿，茜茜的同学，性格叛逆，渴望独立自主，总是有无数新奇的想法。

瑞瑞

11岁的中国男孩儿，布卡的同学兼好友，酷爱美食，具备一定的反抗精神，对朋友比较讲义气。

欧蕊

11岁的欧洲女孩儿，乐观坚强，聪明热情，遇事冷静沉着，善于观察，酷爱旅游和音乐，弹得一手好钢琴。

塞西

9岁的欧洲男孩儿，活泼的淘气包，脑子里总是有层出不穷的点子，酷爱网络和游戏，做梦都想变成神探。

机器猫费尔曼

聪慧机智，知识渊博，威严自负，话痨，超级爱臭美；喜欢多管闲事，常常做出让人哭笑不得的闹剧。

华纳博士

43岁的欧洲天才科学家，热爱美食，幽默诙谐，精通电脑，性格古怪。

目 录

第一章

百纳碎沐 / 1

第二章

古窑 / 13

第三章

大盛魁 / 25

第四章
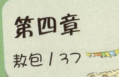

敖包 / 37

第五章
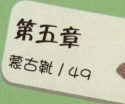

蒙古靴 / 49

目录

第六章

草原上的勒勒车 | 61

第七章

追兵 | 73

第八章

空中舞蹈 | 85

第九章

马头琴 | 97

第十章

莜面 | 109

第一章
Chapter 1

百纳碎冰

清晨，呼和浩特玉泉区，一处民宅院落

终于完工了！爸，用咱家这祖传的木嵌技艺做桌子，比刺绣还麻烦。

制作工序就有100多道，比刺绣还烦琐！

先得眼准，一眼看出需要多大木料，什么角度。还得手准，刀切误差不能超过半毫米。

还要心准，先在脑海中构建完整的画面，还要用家传的口诀来算。

爸爸，你什么时候带我去看五塔寺的天文图呀？

好，今天就去！

请问，这是孟木匠家吗？

3

我是孟木匠。你们是？

他是雷尔夫，我是詹森，特意赶来，想请您帮忙修复这个木匣子上的图案。

"百纳碎冰"？这可是木嵌技艺中最难的图案。

没有三四十年的经验，很难做成功的。

霍曼到底在搞什么鬼？派他的手下到这么远的地方来，就为了修木匣子？

看来得用窃听器打探一下情况了。不过我不能出面，因为他们两个认识我。

看我的！

长没长眼睛？你撞到我了！

啪！

对不起！

窃听器

跟一个小孩儿计较什么？快走吧。

五塔寺

历史文化名城呼和浩特旧称"归绥"，1954年改名为"呼和浩特"，蒙古语意为"青色的城"。

五塔寺位于呼和浩特市旧城东南部，原名"金刚座舍利宝塔"，因塔座上有五座玲珑小塔而得名。塔上有1000多尊镏金小佛，刻工精巧。

五塔寺中最有价值的，是紧靠北墙的蒙古文天文图石刻，反映了清代初年的天文学水平，是研究天文学史的重要资料。

天文图有5个同心圆，分别为北极圈、夏至圈、赤道圈、冬至圈、南极圈，刻恒星约270颗，星数1550余颗，是迄今为止世界上唯一用蒙古文标注的天文图石刻，具有很高的科研价值。

民间木嵌技艺

民间木嵌技艺，是将木料以特定结构做成凹陷的槽，再以特定的规律嵌入小木块，塞满后形成有意义的吉祥图案。

它实质上就是实木镶嵌的平面艺术，是利用各种名贵木材的自然色泽、纹理制成各种小块、小条，按一定图案排列、拼接、镶嵌，初步完成后，刨平磨光，根据木料等级实施表面处理，最后做成一件完美的艺术品。

我国北方气候干燥，大块实木容易开裂，而民间木嵌技艺非常巧妙地解决了这一问题。

万字桌

万字桌，是清代雍正时期圆明园万字房内家具上的一种独特技艺的简称。该技艺将碎木块以特殊方法拼嵌成万字图案。万字桌是木结构力学的精髓，其中木头软硬力道、图案算法等保持数百年不开裂，无一不体现我国古人的智慧，有很高的历史研究价值。

据说，圆明园的修建使用了很多名贵的木材。雍正皇帝闲游园中，见碎料扔掉可惜，于是命工匠们将碎料利用起来，制成日常家具。当时领班木工是孟传义，他与同门师兄弟经过反复试制，做出了采用小块的木料嵌成万字符图案的桌面，这种技艺不但使家具显得精美绝伦，很有创意，而且让皇家园林的各种名贵木材的边角料得到了有效利用。雍正皇帝看到这一系列家具后，十分高兴，当即封孟传义为内务府正六品督造。

20世纪80年代末，孟家的传人孟繁中移居呼和浩特，将万字桌这种技艺发扬光大，使得这门"皇家御用绝技"重现于世。

百纳碎冰

木嵌技艺采用家族秘传制作秘法，烤、煮、攒、占、算、嵌、磨、合……制作工序就有100多道，用榫卯结构（榫卯是在两个木构件上所采用的一种凹凸接合的连接方式，凸出部分叫榫，凹进部分叫卯）锁紧。

木嵌技艺最关键的是"算"，这需要家传口诀，算好木块数量、力道、图案规律才能做好。

其中"百纳碎冰"是木嵌技艺中最难的图案。用这种技艺制做的作品，虽然由小块边角料制成，但几千块部件组装起来，拼接处却不留一丝缝隙，桌面非常平滑结实，用手摸起来没有任何凹凸不平感，完美体现了木匠的高超镶嵌手艺。

第二章
chapter 2

古窑

宾馆里

老大霍曼被抓前，叮嘱一定要修复好木匣子上面的图案。只有这样，才能打开木匣子。

你说唤醒水晶石最后两种味道的线索，真的藏在这个木匣子里吗？

不就是修个木匣子吗？姓孟的木匠不肯，我们就找其他木匠。

当然！这个木匣子，可是彼得的老管家传下来的。我花了好多心思，才从他的后人本先生手里给骗过来！

你以为我没找过？可他们没那本事！

这下全明白了。我们得想办法把木匣子拿回来。

那两个家伙一定会想办法逼着孟木匠修复木匣子。我们得盯好他们。

太好了，去看天文图啦！

15

五塔寺的天文图前

你们两个坏蛋在做什么！

不好，是麻醉针！

你们乖乖睡会儿吧。哼哼，有了这个小孩儿当人质，看那个老顽固还肯不肯帮忙！

清水河县一处山沟里

这个地方挺隐蔽的。

把他们藏在这里正合适。

这是哪里呀？这么黑。

17

黑矾沟村

这些都是保存完好的宋、元、明、清时期的古窑。

云溪哥哥，你们这个小山村里，怎么会有这么多窑洞？

黑矾沟祖祖辈辈以瓷业为生。这个以后再细说，你们先跟我回家，喝点儿水、吃点儿饭吧！

村口

我们在碾泥，瓷器就是用这样碾好的泥制作的。

他们在磨泥巴玩儿？

小山村的古窑

　　黑矾沟是一个山大沟深的小山村，位于呼和浩特清水河县窑沟乡西南部。

　　让人们意想不到的是，这里至今还有保存尚好的宋、元、明、清时期的古窑址群20多座，虽然历经风雨，却依然可以看出当时的盛况。当地人形象地称它们为"馒头窑"，它们的存在，证明黑矾沟生产瓷器至少有800年的历史。

　　最鼎盛的时期是明末清初。当时一些难民来到这里时，看到此地有丰富的瓷土，又有丰富的煤炭资源，便选择在这里定居，生产缸、坛、罐、碗、盘、酒盅等生活用品，黑矾沟也有了"塞外瓷都"的美誉。

南有景德镇，北有清水河

"黑矾沟，出黑矾，还有著名的花大盘，火罐钵钵油灯盏，花碗、盘碟、浆米罐，酒盅、瓷砖、大磨盘……"这是一段在呼和浩特的清水河县流传甚广的快板书，道出了黑矾沟出产陶瓷的盛况。

最鼎盛时期，甚至有"南有景德镇，北有清水河"的说法，可见清水河县的黑矾沟瓷艺之高明。

黑矾沟虽然偏远，但曾在内蒙古地区久负盛名，因为这个地方盛产日用白瓷，属于六大名窑中的"磁州窑"。

黑矾沟之所以称为"塞外瓷都"，是因为它有着得天独厚的条件，制瓷所需的陶土、木炭、水源等都是就地取材，且用料裸露在外，方便开采。

黑矾沟瓷器

黑矾沟瓷器从原料开采到烧制完成需20天左右，大的工序总计有11道，其中入窑烧制前的工序主要有7道。

挖泥：从矿山中挑选较好的原料，用镐挖出，运到碾泥厂备用。

碾泥：把合格的泥料用箩筐倒入碾槽，加水后用牛或骡子拉着磨盘碾约半小时，二次加水后再碾约10分钟，形成泥浆，流入储泥池。

和泥：将泥用手反复揉搓，排除泥料中的空气。

手工拉坯：把揉好的泥团放在搅轮上，用木棒搅动搅轮，达到一定转速后，靠搅轮的惯性进行拉坯造型，做成杯、盘、碗、碟、罐等器形。

修坯：根据产品的厚薄要求，上轮挖底、整边、磨光等。

上釉：先上底釉，上完底釉干燥30~50分钟后上面釉。

彩绘：色彩深浅，由彩绘料的配比决定。

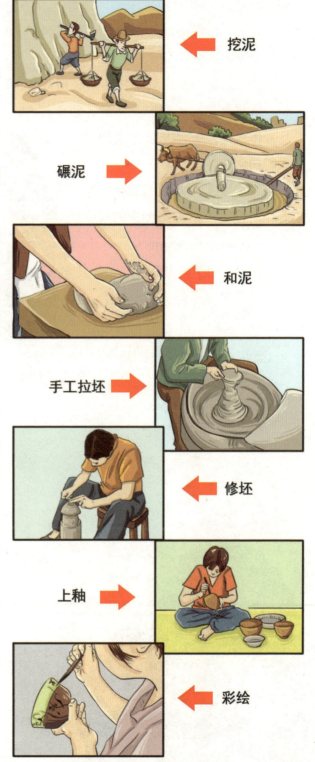

挖泥

碾泥

和泥

手工拉坯

修坯

上釉

彩绘

彩绘好的坯体，就该装窑烧制了。从这一步开始到出窑成品，有4道工序。

装窑：窑工双手托坯体送到窑内，装窑师傅将坯体装入泥罐并密封，防止坯体落灰，从后往前分层垛起来，直到装满窑。

烧成：从点火到停火需三天三夜，从小火到大火需观察窑内釉锥变化，釉锥发亮时开始保温，缩小窑内温差。

冷却：停火后，进行自然冷却。

出窑：当窑温降到100℃以下时（约五整天），窑工从上到下分层拔掉匣钵，取出产品。

第三章

Chapter 3

大盛魁

黑矾沟的山路上

3个倔强的小家伙！在我家好好休息一晚，明天再走多好？

我们没事了。再说，博士和欧蕊他们一定急坏了。

好吧。我要去辽金元老窑瓷博物馆研究瓷器，你们就在那里会合好了。

云溪哥哥，你说的这个辽金元老窑瓷博物馆在哪里呀？

在大盛魁文创园。呼和浩特以前也叫"归化城"，俗话说"一个大盛魁，半个归化城"。

这个"大盛魁"这么厉害呀？

这个"大盛魁"到底是干什么的呀？

它曾是一个大商号，当时拥有近两万头骆驼组成的驼队。

两万头？

大盛魁的驼队驮着茶叶等商品，在中国与俄罗斯等国家之间往返，用驼队踏出了一条万里茶道。

除了茶叶，大盛魁还卖什么呀？

上到绸缎，下到葱蒜。只有你想不到的，没有他们不卖的。

大盛魁博物馆里

你刚才说这个大盛魁很有钱？

商号当年所赚的钱，如果换成一个个重五十两的银元宝，足可以铺一条从蒙古国首都到北京的路了！

所以我得好好研究一下人家的号规，看看大盛魁怎么就能赚那么多钱呢？

在清代，有一个重五十两的银元宝就算富豪了，大盛魁的钱多到竟然可以铺那么长的路！

大盛魁之所以成为草原第一商号，一个关键原因是它的经营策略非常灵活。

怎么个灵活法？

比如，蒙古牧民喜欢穿结实、耐用的斜纹布，大盛魁就专门为其组织货源。

我听爷爷说，大盛魁还组织骆驼商队，把货物运到牧民居住的帐篷附近去卖。

啊？牧民可是过游牧生活的，而且手里很少有货币。

大盛魁自有妙招儿——以物易物，用牧民的羊、马、牛等折价，来抵货款。

草原第一商号

　　"雄踞塞外三百载，横跨欧亚九千里"，这两句话是"草原第一商号——大盛魁"的形象写照。它以茶叶为依托，建立起庞大的商业帝国，不仅在草原上占有一定的地位，甚至还把生意做到了俄罗斯。

　　大盛魁紧紧抓住了草原牧民最喜爱的生活必需品——茶叶，生意日渐兴隆后，就把总柜从苏里亚苏台迁往归化城，也就是今天的呼和浩特，并且在各地开了一系列寓意财源滚滚的"川"字分号，生意涉及茶叶、丝绸、布匹、皮草、牛羊等。

　　在这些生意之中，大盛魁最看重的就是茶叶生意，并自设两个"川"字分号的大茶庄——三玉川和聚盛川，根据蒙古牧民的喜好和饮茶习惯，自产自制各种砖茶。

　　当时的蒙古牧民只认大盛魁的"川"字商号茶，用手触摸到"三道杠"就会毫不犹豫地买下。

亚洲股份制的鼻祖

清代康熙年间，归化城（今呼和浩特）成为中国北方重要的商业中心、贸易枢纽。

通向蒙古高原和西伯利亚腹地的"茶叶之路"，将我国的茶叶、瓷器等经过归化城，再经乌兰巴托、恰克图等地，送至俄罗斯莫斯科等大城市，再将俄罗斯的毛皮、纺织品等带回国内。当时大大小小的商号里，最成功的就是大盛魁。

大盛魁这个名字，有深刻的历史文化内涵：大，是指规模之大，大盛魁有82家分号；盛，是指事业之盛，大盛魁鼎盛时期，白银多得可以铺一条很长很长的路；魁，是指专业之精，它是亚洲第一家采用股份制的商号。

大盛魁从创业之初，就创立了以财神股为基础，人力股、财股、狗股等多种形式相结合的股份制，是当之无愧的亚洲股份制的鼻祖。

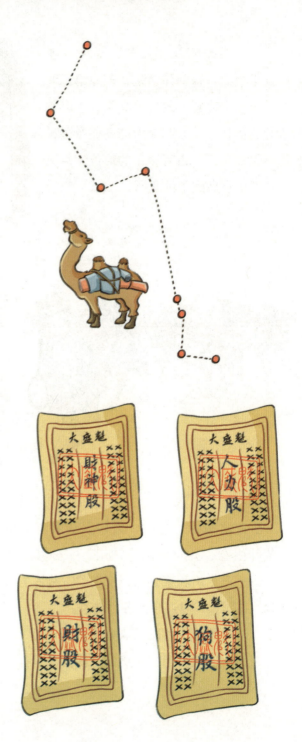

连夜送信的狗

是不是觉得很奇怪，大盛魁怎么还设立了狗股呀？

曾经在对外贸易途中，狗可是商人不可缺少的伙伴。

相传，有一年数九隆冬，坐镇乌里雅苏台大盛魁分店的主管得到一个商业信息：当地物价猛涨，各旅蒙的商家的货都已脱销，谁家能抢先进货，谁家就能获得巨利。

那个年代，没有电话、邮件等通信设备，只能派专人送信，可路途遥远，很费时间。伙计们发起愁来：到底怎样才能把这个重要情报，赶快传回归化城，而又不走漏消息呢？因为如果走漏了消息，肯定会引起归化城的物价上涨。

苦思冥想之后，大盛魁的人异想天开，竟然把催货的信，缝在狗的项圈里，让狗连夜赶回归化城送信。

狗没有辜负信任，以最快的速度赶回了归化城。归化城的大盛魁总店赶紧提前大量进货，火速派驼队去送货，大赚了一笔。

大盛魁的行商文化

大盛魁的购货、订货自有一套办法：凡买大宗货，总价在 300 两银子以下的，现银交易，不驳价，表示厚待。但如果货品品质差却价格高，则永不共事。

大盛魁的这种做法美名在外，也就无人敢来行骗。

大盛魁对选中的手工业户，允许他们世代相传，不会随便更换。如果对方资金短缺、周转困难时，大盛魁会先借银两，予以扶持。

通过这样的方式，大盛魁深得人心，取得了这些手工业户产品的优先采购权。

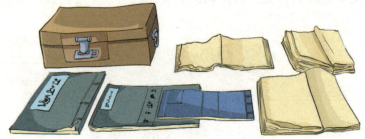

大盛魁的经营策略灵活，专门针对蒙古牧民的习惯供货，比如牧民们是过游牧生活，大盛魁就采取流动贸易的方式，组织懂蒙古语的驼客，把货物运到牧民居住的帐篷附近进行买卖。牧民们一见到大盛魁的东西，就会争相购买，根本不认别家的货物。

这样的行商文化，使得大盛魁大获成功。

第四章

Chapter 4

敖包

扫码获取

☑ 角色头像
☑ 阅读延伸
☑ 趣味视频

木匣子已经送过去了，那个孟老头答应修复上面的图案了。

哼，孙子成了我们的人质，他不乖乖听话行吗？

孩子，你受苦了！

敖包可是蒙古族人祈祷丰收和家人安康的象征！

哇，这么多人捧着哈达围成一个圈儿，好壮观！

他们的哈达有好几种颜色呢！

他们是在玩儿转圈游戏吗？我们也去看看！

哥哥，你们转反了！要从左向右转三圈！

这可不行！

小妹妹，你能不能把牛奶送给我喝？

不给就算了！

敖包

　　"敖包"是根据蒙古语音译来的，意思是"堆子"。它在蒙古族地区随处可见，一般是用石块垒成，多筑在山顶或高地之上，呈圆形，有的顶端种有柳条，上面系有哈达和绸带等，离很远就能望见。

　　敖包最初是道路和地界的标识，后来逐步演变成祭祀，祈祷丰收、家人安康的象征。

　　敖包的数目不尽相等，有的是单独一个，有的是7个或13个敖包组成的敖包群。每个敖包都有自己的名字，通常以所在地命名。富裕的人家还有自己的"家敖包"。

　　当地人出门远行，凡路过敖包，都要下马拜一拜，祈祷平安，还要往敖包上添几块石头或几捧土，以求吉祥。

苏鲁锭

敖包上的装饰都有深刻含意。比如干树枝代表森林，蒙古族最初是聚居在额尔古纳河两岸的大兴安岭的森林里，是丛林中的狩猎部落。

后来蒙古族逐渐从森林走向草原，但蒙古族人不会忘记是森林养育了自己。

苏鲁锭也是蒙古族人喜欢用来立在敖包前或者放在敖包顶端的装饰。

苏鲁锭的蒙古语意思是"矛"，是蒙古族的象征，是战神的标志，一般是黑白两色，黑色象征着战争与力量，白色象征着和平和权威。

蒙古族人用苏鲁锭来告诫后人，不要忘记成吉思汗的英雄气概，保持勇往直前的民族精神。

敖包相会

草原上，牧民们一般住的都很分散，只有在每年六七月间举行祭敖包仪式时才会聚在一起，仪式结束后还会进行传统的赛马、射箭、摔跤、唱歌、跳舞等娱乐活动，这就给蒙古族的姑娘们和小伙子们创造了见面和寻找爱情的机会！

为了表现草原的魅力、简单美好的爱情，艺术家们创作了一首名为《敖包相会》的歌曲，并广为流传。

《敖包相会》的旋律优美，歌词简洁而富有诗意。每当这首歌响起时，人们仿佛被带到了美丽的草原上：蓝蓝的天空，绿油油的草原，美丽的格桑花和成群的牛羊……一片让人陶醉的景色。

这首《敖包相会》虽然是歌颂蒙古族人民的纯洁的爱情，但同时也是展现大草原风情的优美歌曲。2005年7月5日，该曲入选由中国文学艺术界联合会、中国电影家协会推选的"中国电影百年百首金曲"。

哈达

哈达是藏族和部分蒙古族人表示敬意和祝贺用的长条丝巾或纱巾，多为白色，也有蓝、黄、绿、红等颜色。

白色哈达象征白云，寓意纯洁、善良、吉祥等；蓝色哈达象征蓝天，代表智慧、健康、永恒、平安和忠诚，多用于兄弟之间。

黄色哈达象征大地，体现尊贵和至高无上；绿色哈达象征河水，有繁荣、繁衍的寓意；红色哈达象征火，是不能单独拿来送人的。

而五彩哈达是最珍贵的礼物，只在特定的情况下才用，比如系在敖包上。

蒙古族人献哈达的时候，会双手捧哈达与头顶平齐，弯腰献给对方，表示尊敬和祝福。被献者也要弯腰俯首，双手承接，表示回敬。切忌用一只手相送或一只手受礼。

第五章

Chapter 5

蒙古靴

你们也进来吧！

蒙古靴的鞋尖呈三角形，还都往上翘。

这样一来，行走时可以最大限度地减少对草原的破坏。

不像你们脚上穿的这些皮鞋、运动鞋，在草原上行走时都会留下印迹。

穿着蒙古靴，骑马时可以护腿，钩踏马镫也特别方便。

那些靴子都是用香牛皮做的，防寒效果极好。

我怎么分不出哪只是右脚，哪只是左脚？

我们的蒙古靴不分左右脚的。

蒙古靴底子平直，不分左右脚，便于穿脱。

53

蒙古靴又柔软又轻便，我喜欢！

最重要的是，穿这靴子在草原上行走一点儿也不打滑。

这靴底可是用49层布做的千层底，我爷爷用麻线一点点纳出来的。

这纳底子最见功夫了。

做蒙古靴要用到这么多工具呀。

这个是做什么用的呀？

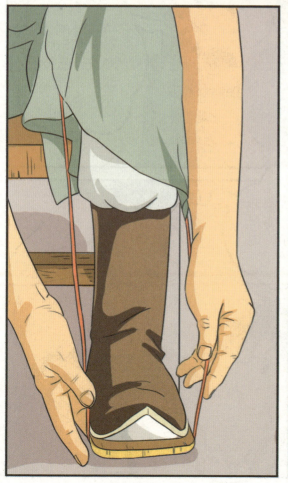

这是传统的制靴工具，用来固定皮子的。

没有我穿的尺码。爷爷，要是定做一双，需要多久？

要半个月左右。

啊？可我们等不了那么久。

做一双蒙古靴需要50多道工序，这个时间是短不了的。

我这双新做的蒙古靴，你应该可以穿，送给你了。

北方游牧民族

　　一个民族的穿着习惯，跟他们的生活方式和居住环境有密切的关系。作为蒙古族服饰中不可或缺的蒙古靴，体现了蒙古族人民热情、豪放的民族个性。

　　蒙古靴的制作，可以追溯到古老的青铜器时代。当时的北方游牧民族为了骑马、涉草，以及防潮湿和虫蛇，就采用动物皮革制作高筒皮靴，冬季时再在靴子里面套上毛毡靴套以便保暖。

　　公元11~12世纪，蒙古族成为草原上强大的民族，服饰文化的发展也进入了一个辉煌的时期，靴子的面料与样式也逐渐多起来，穿高筒靴子已相当普遍。

　　呼和浩特地区的蒙古靴制造业始创于清康熙年间，鼎盛时有几十家加工作坊。

蒙古靴的种类

　　做工考究的蒙古靴的种类很多，根据材质，有皮靴、布靴、毡靴几种。皮靴多用牛皮、马皮、羊皮制作，结实耐用，防水抗寒性能好。而布靴多以布帛、平绒布面料制作，靴帮绣有图案，轻便柔软，舒适美观。毡靴多以羊毛、驼毛擀制而成，保暖耐磨损，一般多在隆冬时节穿着。

　　蒙古靴主要由靴筒和靴底两部分组成，主要的样子有七八种，区别就是帮子、靴底等的形式、尺寸不同。各种样式一般不分男女，也不分左右。

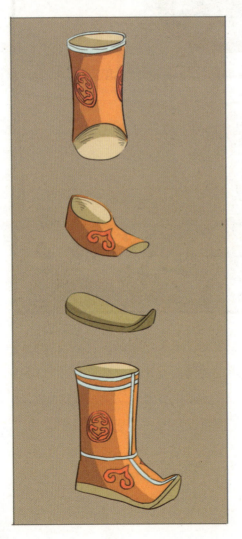

蒙古靴的制作技艺

制作一双传统工艺的蒙古靴，要经过靴底制作、靴筒制作、上靴子、排靴子4大工序50多道小工序方可完成。

1.靴底制作：蒙古靴的靴底由盖板、千层（40多层布）和皮底三部分合成。靴底制作主要是做千层、盖板和粘皮底，以及纳底子。

不同样式的蒙古靴的靴底都有一定的弧度，在做靴底的过程中，纳底子最见功夫。

2.靴筒制作：主要制作帮、靿（yào）和云子，以及将云子契在帮、靿上，并将帮、靿缝合在一起。

3.上靴子：靴底、靴筒做好后，对这两部分进行缝合。

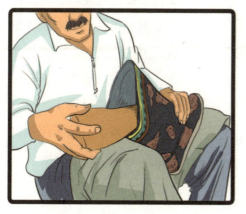

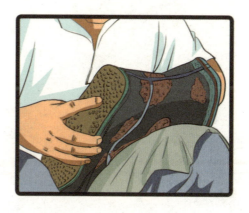

4.排靴子：靴子上好后，用楦子填充好，然后在靴筒外面敲打定型，一双靴子就算基本完成了。

香牛皮靴

在不同材质制作的蒙古靴里，香牛皮靴的御寒效果最好。这种靴子要用高档香牛皮制作靴帮，还有几层熟牛皮纳成的厚底子，不仅特别耐磨，而且穿着舒适，防滑效果很好。

香牛皮靴自古以来就很受牧民喜欢。在驼队用易货交易的时代，一双特等的香牛皮靴可以换一匹马。

香牛皮靴的靴筒用的皮料又称"花皮"，皮面由人工制成花纹，刷上黑煤烟后，再用发酵的羊油、牛油、植物油烤搓均匀，花纹色泽经久不褪，做工十分复杂。靴底革在三伏天用桐油浸泡后纳制，经久耐磨。

草原上的勒勒车

好疼啊，博士您轻点儿！

早就叫你们别打闹，这下可好，还怎么骑马？

爸爸，您给他们做一辆勒勒车吧，瑞瑞可以坐在上面继续赶路。

你说的是蒙古族牧民一直以来使用的重要交通工具——勒勒车吗？

我们牧民家里，一般每家有13～15辆勒勒车，且各有各的用途。

啊？这么多车，要怎么驾驶呀？

把勒勒车首尾连在一起，一个人驾驶就够了。

勒勒车很好驾驶，我们家的十几辆车一般都是由我来驾驶！

一个人驾驶十几辆车？

现在给车轴装上车轮，很快就做好了。

勒勒车全是用木头做的，一块铁也没用到？

用斧子、凿子和锯这些简单的工具，还有木头，就能做出这么精巧的勒勒车！

对，用我们草原到处可见的桦木做的。

这勒勒车果然名不虚传，真是又快又稳！

这勒勒车一点儿也不颠，像坐轿车一样舒服。

我要美美地睡一觉了。

勒勒车

　　"勒勒"两个字是牧民吆喝牲口的叫法，"勒勒车"的名字也因此而来。勒勒车的制作技艺中，蕴藏着许多知识，体现了蒙古族人民的聪明才智。

　　从古至今，勒勒车一直伴随着游牧民族的发展。勒勒车有记载的起源可上溯到《汉书》所记载的"辕辐"。远在秦汉时期，匈奴人已懂得造车，公元3世纪的敕勒人更以造车著称。

　　勒勒车的车队通常由十几辆甚至几十辆组成，而令人震惊的是这样规模庞大的车队通常由妇女或儿童驾驶。为了不使车队走散，拉车的每头牛的犄角都用绳子相连，最后一辆车拴有大铃铛，叮当叮当地响，以便使最前面的人能够听到。

草上飞

　　勒勒车通常以草原上常见的桦木为原料，整车不用一个铁件，无论是车轴、车轮，还是辐条、车架等，都是用木头做成的。

　　桦木制成的勒勒车质地坚硬，耐磕碰，车体又轻，遇水受潮也不易变形。
　　牧区冬天雪深过膝，夏季草深，沼泽地多。车身小、车轮高大的勒勒车却在这样的地方身手不凡，无论是牧草茂盛的草场，还是积雪深厚的雪野，甚至泥泞的沼泽和崎岖的坡道，勒勒车都能够顺利通行，被牧民亲切地称为"草上飞"。

草原之舟

　　勒勒车对蒙古族牧民来说用途十分广泛，拉水的水车、装食物和衣服的箱子车、放牛粪和秸秆的柴薪车、放贵重物品的佛爷车……这些勒勒车大多数用牛来拉，一牛一车。

　　有的车上用芦苇、毡子、毛皮等搭起车篷，可以避免坐车的人经受风吹、日晒、雨淋。在迁徙时，牧民晚上可以在里面睡觉。

　　蒙古族牧民几乎每家都有十几辆勒勒车，对他们来说，勒勒车就是"草原之舟"，行进时常常是十几辆车前后相连，排成一行，很像一列在草原上行进的列车。

　　这长长的车队里，后边几辆车一般用来拉蒙古包，有时也会准备几辆空车，以备不时之需。

战车

勒勒车还曾经是身负重任的战车。

北方游牧民族较多，大都擅长骑马征战。由于勒勒车在雪地和深草中行进迅速，因而时常作为战车在战争中效力。

相传，清代康熙帝征讨噶尔丹时，大草原是清军的后勤，大批的粮草、武器等，通过成千上万辆的勒勒车，源源不断地运送到军营。当时草原上的勒勒车排成长队，望不到尽头。

其中的几场战役，甚至深入到漠北，于是就让骆驼拉着勒勒车来运送粮草和武器。

正因为这强大的后援，才保证了清军取得最后的胜利。

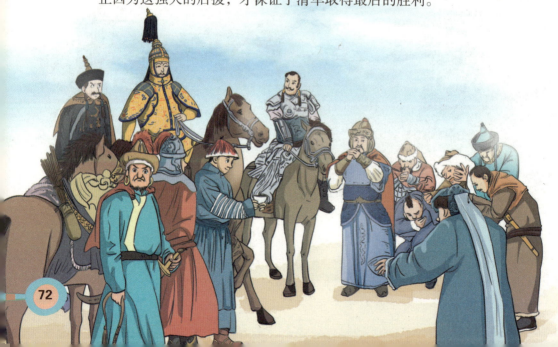

第七章
Chapter 7

追兵

我正在煮奶茶，等会儿就可以喝了。

哈哈，看来我们来得正是时候！

哇……煮奶茶招待客人，可是蒙古族人表达热情待客的方式！

你这么小就会煮奶茶呀？

别看我孙女多兰年纪小，奶茶却煮得很地道。

加了牛奶继续加热，很容易溢出来的。

所以得改用小火了，而且要用汤勺不停地搅动。

你们每天都煮奶茶喝吗？

是的。对我们蒙古族人来说，宁可三日无饭，不可一日无茶。

等姑娘长大以后，个个都是煮奶茶的能手。

在我们这里，女孩子从懂事开始，就由母亲教她煮奶茶的手艺。

三茶一饭

以游牧为主要生活方式的蒙古族人，习惯"三茶一饭"。

每日清晨醒来，主妇们便会用铁锅把水煮开，放入砖茶、奶和盐，将奶的醇厚与茶的芳香烹煮成一锅咸奶茶。这一锅够一家人一天饮用了。伴着奶茶，吃着炒米和用奶做的点心，蒙古族人开始了一天的生活。

到晚上，放牧归来，蒙古族人才能坐下来安心吃一顿晚饭，来一条烤羊腿或一份烤肉，加一碗奶酒，然后再喝一碗帮助消化的奶茶，便卸下了一身的疲惫。

蒙古族人以肉食为主，又喜欢喝酒，而奶茶就是解腻、解酒的最佳饮品。

蒙古奶茶

　　和我们平时喝的奶茶不同，蒙古奶茶因为加入了盐，味道并不是甜的，而是咸的。所以第一次喝蒙古奶茶的时候，很多人会觉得味道有点儿奇怪。

　　"宁可三日无饭，不可一日无茶"的蒙古族人片刻也离不开的奶茶，是用砖茶煮出来的。

　　高原气压低，水的沸点在100℃以下。砖茶不同于散茶，质地紧实，用开水冲泡，是很难将茶汁浸出来的，所以需要经过煮沸才能充分释放出茶香。

　　蒙古族人自古就喜欢砖茶，以前大盛魁的商人经常可以用一块砖茶，换取牧民的一只羊，草原上还有"以茶代羊"馈赠朋友的风俗习惯。

让人咋舌的乳制品

制作奶茶时，蒙古族人会加入他们特有的嚼克和自制的酥油。

嚼克是奶发酵之后，最上面的一层奶油，也是酸奶最精华的部分。而酥油味道独特、纯香，营养价值高，也是奶食中的精品。

喝蒙古奶茶时，蒙古族人还会准备很多不同种类的用奶做的点心，搭配着奶茶一起食用。

因为蒙古族人常年饮用牛、羊、马、驼的奶汁，他们很擅长制作乳制品，品种多得让人惊讶，其中最常见的有奶豆腐、奶皮子、奶酪等。

这些乳制品不仅味道鲜美、营养丰富，而且制作方法十分独特。

酸奶

黄油

奶豆腐

酸奶疙瘩

奶皮子

奶酪

蒙古奶茶制作技艺

蒙古奶茶的主要原料为纯净水，牛、羊和骆驼等家畜的鲜奶，砖茶和食盐。

人们把纯净水倒入锅里，并放入适量的砖茶加以煮沸，煮到一定程度后再把适量的食盐、酥油、嚼克放入里面，"扬沸"后再把鲜奶放入其中。

奶茶里还会放入炒米提香，还有的人喜欢加入小块牛肉干，让奶茶营养更丰富，味道更香浓。

蒙古奶茶香醇可口、咸甜适宜，含有丰富的维生素、茶碱等成分，有暖胃、解渴、充饥、助消化的作用。

奶茶煮好后，人们还会过滤一下，把茶叶渣子滤出来，这样口感会更好。

第八章

chapter 8

空中舞蹈

扫码获取

☑ 角色头像
☑ 阅读延伸
☑ 趣味视频

我的宝贝孙子，你总算安全地回来了。吓死奶奶了！

请您千万别把它交给霍曼他们！

放心！这个木匣子对你们一定很重要吧！等修复好它，我第一时间通知你们。

我们家族的人，已经查到了本先生的联系方式，我立即联系他。

霍曼他们很快就会追到这里来的。

你们得赶紧找地方躲躲，先别住这儿了。

你们会在里面找到唤醒水晶石的其中两种味道的线索。

我现在就送小峰上脑阁！一装扮起来，那帮坏蛋绝对不可能认出来！

脑阁？

这就是脑阁——"脑"是方言，意思是将物品或人高高地扛起。

按照民间的风俗习惯，凡是上过脑阁的孩子，寓意一生健康、幸福、平安、吉祥。

爷爷，您的力气可真大！扛着两个人，走起来比我还快！

上年纪了，体力不行了。以前，我可以"脑"三人架。

那些小朋友，就像悬浮在半空中似的。

所以，脑阁被人们称作"空中舞蹈"。

陈师傅，我想请您装扮一下我的宝贝孙子！

陈师傅家世代都在传承脑阁。

小峰机灵又俊俏，我现在就给他打扮起来。

这下子，谁也认不出来小峰了！

真好看。我也要上脑阁！

你超龄了。上脑阁的孩子，一般都是5~7岁。

就算年龄可以，没经过训练也不行吧？

就是！何况还要站那么高进行表演。

小峰只是暂时安全了，可卸装之后呢？还有，他们也可能动其他歪脑筋。

放心吧，我们暂住陈师傅家，不会有事的。

流动的雕塑

　　"脑阁"的"脑"是方言，即把东西或人举起来，扛在肩上之意，而"阁"就是一个焊接得结结实实的特制铁架子。演出时要将"阁"固定在一男子身上，架上的表演者1~3人，表演者一般为5~7岁的儿童。他们身穿彩色鲜艳的衣服，扮成各种历史或戏剧中的英雄人物，再以花草彩云装饰。

　　每个成人与儿童的组合就称为"一架"，演出时上下互动。

　　脑阁集戏剧、杂技、美术、舞蹈、音乐为一体，一架就是一台戏，如同流动的雕塑一般。

艺术活儿、体力活儿

脑阁需要很高的技巧。下面"脑"的成年人为"色脚"，将铁架子固定在身上。上面被"脑"的儿童叫"色芯"，站在铁架子上，并固定好。

"色芯"在半空中，只有胳膊和头能动。如何让"色芯"在空中活灵活现地表演，就全凭下面"脑"的人扭、颤、摆。

"色脚"的腰要挺直，扭动时把力气全部用在膝盖以下的小腿上，其动作特点是颤、摆、行走、舞动和旋转，在行进中带动上边的"色芯"一同扭动。

脑阁不仅是艺术活儿，也是体力活儿。

双人架是180斤左右，三人架差不多得有250斤。脑阁表演一圈下来大概20分钟，负责"脑"的人，就一直背着这么重的大家伙。

独特的脑阁

"一架脑起四邻喜，万众围观百福临。"象征吉祥、喜庆、平安的脑阁，有着独特的艺术风格和特点。

首先是演员独特。表演"色芯"的孩童要漂亮、聪明、有胆量，这样才能不紧张，在半空中表演顺利。

其次是舞蹈动作独特。比如颤就是上下起伏颤动，这样上边的孩子就给人以轻快、跳跃的感觉。再比如脑阁的基本步伐——扭，扭动时力气全部用在膝盖以下的小腿上，扭时膝盖稍微弯曲，以小腿的扭动结合脚的颤力带动上身，上边的孩子才能扭开。

最后是鼓点独特。配乐给人欢快、喜悦的感觉，也符合小孩子的性格特点，扭起来很合拍。

内蒙古地区的脑阁选材广泛、丰富多彩，有神话故事、民间传说，如《梁山伯与祝英台》《白蛇传》《西游记》《八仙过海》等，还有表现内蒙古地区历史、文化、人物的故事，如《昭君出塞》等。

脑阁在选材上还融入了许多时代元素，如有表现神舟六号飞船的，也有北京2008年奥运会福娃主题的，体现出民间艺术与时俱进的创新性。

脑阁有化装、戴头饰、穿戏装、绑架子一整套的程序。起架、落架时，安检员、孩子的监护人都要到位。所以没有经过专业训练的小朋友不可以随便尝试哟！

第九章
Chapter 9

马头琴

这是马头琴，是我们蒙古族人最喜欢的乐器。

这上面的马头雕刻得很精致，一定很费工夫。

马头琴是"有脑袋的乐器"。有了马头，马头琴才有了灵魂。

它的声音低回婉转，给人一种说不出的感觉。

爷爷，我好喜欢这种乐器。您知道哪里能买得到吗？

我儿子就开了一家琴厂，我带你们去看一看吧！

不管远看近看，都太逼真了！

马头琴上的马，可不只是远看像，细节上更要细致。

马嘴里还有牙齿，马的耳朵也是立着的。

你们看马的眼睛，像在看着我们。

马头是否栩栩如生，主要就靠马眼睛，可千万不能凹进去，那可就成鼠眼了。

整个马头显得既威武又神气。

101

马头琴

马头琴因琴首雕有马头而得名，是历史悠久的一种弦乐器，已经伴随着蒙古族人1300多年。

为何马头琴上要雕刻一个马头呢？蒙古族可以说是"马背上的民族"，所以雕刻马头具有特殊的象征意义。

马头琴由共鸣箱、琴头、琴杆、琴弦和琴弓等部分组成，长约1米，有两根弦，共鸣箱呈梯形，发出的声音婉转、悠扬，表达着草原牧人热爱草原的感情。

马头琴是蒙古族音乐文化的典型代表，无论是它的造型，还是它的音色，以及演奏手法，都充分反映了蒙古族人民游牧生活的洒脱与自由。听到它的声音，仿佛看到了蒙古族人的生活：辽阔的草原、呼啸的狂风、奔腾的马群、欢乐的牧歌……

70多道工序成一琴

材质与工艺最终决定马头琴的音色。

一把品质优良的马头琴，制作工序非常复杂，工艺要求很精细，从选料、切割木材到制作琴箱、琴杆、马头等，共70多道工序。技巧相当娴熟的工匠，制作一把琴也需要15天左右，仅是马头就要雕刻两三天。

雕刻马头是制作马头琴的"独门秘籍"，是一把马头琴是否精美的关键所在。

马头琴的音色与琴箱息息相关，所以制作马头琴的重中之重是琴箱。它的选料非常考究，必须选用3年以上自然干燥的木料。

马尾做的琴弦

马尾的韧性可以承受手指的弹力，马头琴的琴弦就是由许多根散马尾组成的。

这些散马尾被梳成一束，平行地拉紧在琴上。因此准确地说，马头琴的琴弦不是两根，而是两束。

这样的多弦丝，是马头琴区别于其他任何乐器的一个特征，也造就了马头琴独特的声音。

用动物毛发做的琴弦，优点是声音柔和，缺点是音量小，使用寿命短。于是制作马头琴的工匠逐渐改用尼龙丝做马头琴的琴弦。

潮尔

    蒙古语里称马头琴为"潮尔"。最早的马头琴用的是皮面，琴的正、背两面蒙以马皮、牛皮或羊皮，皮面上彩绘特色图案。北方气候干燥，一般不影响发音，但遇到潮湿的气候，皮面做的马头琴发音沉闷，而且容易跑调。

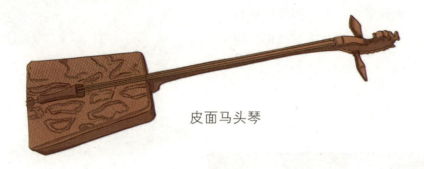

皮面马头琴

    不仅如此，演奏时间一长，皮面温度一高，皮子就会变硬，琴弦容易跑偏。工匠们便开始试用梧桐木和白松木等木材代替皮面琴箱。

    在制作马头琴的过程中，调音是一个重要环节。比如通过调节弦的粗细来改变马头琴的声音：音越高，弦越细；音越低，弦越粗。

调试马头琴

第十章

筱面

扫码获取

- 角色头像
- 阅读延伸
- 趣味视频

机器猫现在只会重复别人说话了。

激光枪打中了机器猫的头部，让机器猫的大脑程序出现了错乱。

博士，你一定要想办法让机器猫好起来！

霍曼随时还可能来找麻烦。得找个安静的地方，给我时间修复机器猫。

去武川的大青山乡躲躲吧，那里有我家亲戚，你们可以暂住他家。

先吃碗莜面吧。

莜面可以热吃，也可以凉吃，我最喜欢的就是这凉拌出来的味道，快尝尝。

博士，机器猫怎么样了？

正在修……哈，这面可真好吃！

水晶项链有反应啦！唤醒水晶石的第8种味道，原来是凉拌莜面的香味儿！

莜麦

　　莜麦，也可叫裸燕麦。燕麦分为两种——皮燕麦和裸燕麦。它们最明显的区别就在谷壳上，皮燕麦的谷壳紧紧地包裹在种子上；而裸燕麦成熟的时候，种子会和谷壳自动脱离，露在谷壳外面。

　　皮燕麦最常见的吃法就是加工成燕麦片，而莜麦不仅可以加工成燕麦片，还可以磨成莜面，做成各种各样的面食，比如莜面鱼鱼、莜面窝窝等。

莜麦（裸燕麦）

　　武川县位于阴山山脉的大青山北侧，年均降雨量较少，一年中有多半年的时间寒风凛冽、沙尘漫天，土壤沙化严重，绝大部分粮食、经济作物都不适合在这里种植，莜麦却在这里安了家。

皮燕麦

成吉思汗的新式军粮

相传，成吉思汗之所以能带出强悍的骑兵，除了他本身的雄才大略，以及草原人不服输的性格等因素，还有一个重要的原因——莜麦军粮。

草原上的野生燕麦分布极广，当地人称作"莜麦"。成吉思汗发现了这种天然粮食的好处，它不仅能在土地贫瘠的草原上生长，而且口感极佳，人和马都爱吃。

最关键的是，吃了莜麦的士兵一个个更耐饿，体力更强，身体素质也有了很大提高。

成吉思汗大喜，下令大规模种植莜麦作为军粮，并命人将莜麦磨成粉。

在环境恶劣而士兵又饥饿难耐的时候，就直接用莜麦粉兑水，搅成糊即可食用。

正是因为这种新式军粮的出现，成吉思汗的骑兵就算在恶劣环境下，也能及时补充体力，成为骁勇善战的铁骑。

武川莜面

莜面、土豆、羊皮袄，人称内蒙古的"三件宝"。莜面有100多种做法：条条、窝窝、鱼鱼、储格、拿糕、饺子、块垒、丸丸、饨饨、拨面、山药鲔鱼子……

莜面可凉吃也可热吃。凉吃时可配上各种作料和时令蔬菜，味道清爽。热吃时主要是配上羊肉和土豆等各种蔬菜熬成汤。

相传，清代康熙皇帝亲征噶尔丹时，在归化城吃过莜面后赞不绝口。等回到皇宫，他特意命人把莜面当作贡品，送进宫里。

莜面里最出名的，当数武川莜面。

武川素有"莜面之乡""武川莜面甲天下"的美誉。"冷调莜面捣烧酒，山珍海味都不如。一口莜面一口酒，香得人们口水流。"这段顺口溜说的就是武川莜面。

看漫画
领专属角色头像

跟着书本去旅行
在阅读中了解华夏文明

01
角色头像
把你喜欢的
角色头像带回家

02
阅读延伸
了解更多
有趣的知识

03
趣味视频
从趣味动画中
漫游中国

还有【阅读打卡】等你体验